Las plantas

Las raíces

Patricia Whitehouse

Traducción de Beatriz Puello

Heinemann Library
Chicago, Illinois

© 2002 Reed Educational & Professional Publishing
Published by Heinemann Library,
an imprint of Reed Educational & Professional Publishing,
Chicago, Illinois

Customer Service 888-454-2279
Visit our website at www.heinemannlibrary.com

Designed by Sue Emerson/Heinemann Library, Page layout by Carolee A. Biddle
Printed and bound in the U.S.A. by Lake Book

06 05 04 03 02
10 9 8 7 6 5 4 3 2 1

Library of Congress Cataloging-in-Publication Data
Whitehouse, Patricia, 1958-
    [Roots. Spanish]
    Las raíces / Patricia Whitehouse.
        p. cm. — (Plantas)
    Summary: A basic introduction to roots, covering their sizes, shapes, and colors, as well as their function and uses to humans and other animals.
    ISBN 1-58810-778-7 (HC), 1-58810-825-2 (Pbk.)
    1. Roots (Botany)—Juvenile literature. [1. Roots (Botany) 2. Plants. 3. Spanish language materials.] I. Title. II. Plants (Des Plaines, Ill.)
QK644.W48318 2002
581.4'98—dc21   2001039942

Acknowledgments
The author and publishers are grateful to the following for permission to reproduce copyright material:
Title page, p. 16 Amor Montes de Oca; pp. 4, 6, 8, 10, 11, 12L, 13, 14L, 22T, 22B, 23T, 23C, 23B, 24T, 24B Dwight Kuhn; p. 5L R. Ashley/Visuals Unlimited; p. 5R Carol & Don Spencer/Visuals Unlimited; p. 7 Marc Epstein/Visuals Unlimited; p. 9 Jerome Wexler/Visuals Unlimited; pp. 12R, 21 E. R. Degginger/Color Pic, Inc.; p. 14R John Cunningham/Visuals Unlimited; pp. 15, 17 Rick Wetherbee; pp. 18, 19 Craig Mitchelldyer; p. 20 Lynn M. Stone

Cover photograph courtesy of Dwight Kuhn

Every effort has been made to contact copyright holders of any material reproduced in this book.
Any omissions will be rectified in subsequent printings if notice is given to the publisher.

Special thanks to our bilingual advisory panel for their help in the preparation of this book:
Aurora García
Literacy Specialist
Northside Independent School District
San Antonio, TX

Argentina Palacios
Docent
Bronx Zoo
New York, NY

Ursula Sexton
Researcher, WestEd
San Ramon, CA

Laura Tapia
Reading Specialist
Emiliano Zapata Academy
Chicago, IL

The publishers would also like to thank Anita Portugal, a master gardener at the Chicago Botanic Garden, for her help in reviewing the contents of this book for accuracy.

Unas palabras están en negrita, **así.**
Las encontrarás en el glosario en fotos de la página 23.

Contenido

¿Qué son las raíces?

tallo

raíz

Las raíces son la parte de las plantas que está debajo del **tallo.**

La mayoría de las raíces están dentro de la tierra.

Unas raíces están en el agua.

Otras raíces están en el aire.

¿Por qué tienen raíces las plantas?

pelos

Las raíces almacenan alimento para la planta.

Los **pelos** de la raíz absorben el agua que la planta necesita.

Las raíces sujetan la planta al suelo
para que no se caiga.

¿Dónde se forman las raíces?

raíz

semilla

Las raíces se forman en las semillas.

Las raíces son la primera parte
de la planta que sale de la semilla.

hoja

tallo

raíz

A algunas plantas les salen raíces
en los **tallos.**

A otras plantas les salen raíces
en las hojas.

¿De qué tamaño son las raíces?

Las raíces son de muchos tamaños.

Las raíces de la yerba son cortas y muy delgadas.

Unas raíces son largas.

Las raíces largas y grandes, como las de la zanahoria, se llaman **raíces centrales**.

¿Cuántas raíces pueden tener las plantas?

rábano

maíz

Unas plantas tienen una sola raíz.

Otras plantas tienen más.

Unas plantas tienen cientos
de raíces.

¿Qué forma tienen las raíces?

Unas raíces son redondas.

Otras raíces se parecen al cabello.

¡La raíz de esta planta de jengibre se parece a una persona!

¿De qué color son las raíces?

Las raíces pueden ser de muchos colores.

Unas raíces son rojas.

El camote, o batata, es anaranjado.

¿Para qué nos sirven las raíces?

Las raíces nos sirven de alimento.

Cuando comemos zanahorias, comemos raíces.

Unas veces comemos raíces crudas.

Otras veces, comemos raíces asadas o fritas.

¿Para qué usan las raíces los animales?

Los animales también comen raíces.

Unos animales se esconden
en las raíces.

Hacen su vivienda entre ellas.

Prueba

¿Recuerdas cómo se llaman estas partes de las raíces?

Busca las respuestas en la página 24.

?

?

Glosario en fotos

pelos
página 6

tallo
páginas 4, 9

raíz central
página 11

Nota a padres y maestros

Leer para buscar información es un aspecto importante del desarrollo de la lectoescritura. El aprendizaje empieza con una pregunta. Si usted alienta las preguntas de los niños sobre el mundo que los rodea. los ayudará a verse como investigadores. Cada capítulo de este libro empieza con una pregunta. Lean la pregunta juntos. Miren las fotos. Traten de contestar la pregunta. Después, lean y comprueben si sus predicciones son correctas. Piensen en otras preguntas sobre el tema y comenten dónde pueden buscar la respuesta.

Índice

Respuestas de la página 22

raíz central

pelos